¿Cómo lo hacen?

Fracciones, números decimales y porcentajes

Lori Barker

Asesoras

Pamela Dase, M.A.Ed.
Maestra certificada por la Junta Nacional

Barbara Talley, M.S.
Universidad de Agricultura y Mecánica de Texas

Créditos de publicación

Rachelle Cracchiolo, M.S.Ed., *Editora comercial*
Emily R. Smith, M.A.Ed., *Vicepresidenta superior de desarrollo de contenido*
Véronique Bos, *Vicepresidenta de desarrollo creativo*
Caroline Gasca, M.S.Ed., *Gerenta general de contenido*
Robin Erickson, *Directora superior de arte*

Créditos de imágenes

Portada AtnoYdur/iStockphoto; pág.1 AtnoYdur/iStockphoto; pág.3 Marcelo Wain/iStockphoto; págs.4–5 Gina Sanders/Shutterstock; pág.5 Evgeny Karandaev/Shutterstock; pág.6 (fondo) Pavol Kmeto/Shutterstock, (inserto) Gtranquillity/Shutterstock; págs.6–7 Bill Bachmann/Newscom; pág.8 (superior) Samokhin/Shutterstock, (inferior) Michele Molinari/Newscom; págs.8–9 Jim West/Newscom; pág.9 Jim West/Newscom; pág.10 Michele Molinari/Newscom; págs.10–11 Ana del Castillo/Shutterstock; pág.11 Operative401/Shutterstock; pág.12 Paulo Fridman/Corbis, págs.12–13 Philippe Psaila/Photo Researchers, Inc.; pág.14 Marie C. Fields/Shutterstock; págs.14–15 Marie C. Fields/Shutterstock; pág.16 Getty Images; pág.17 (izquierda) J A Giordano/Corbis, (derecha) J A Giordano/Corbis; pág.18 Kiselev Andrey Valerevich/Shutterstock; pág.19 Szasz-Fabian Ilka Erika/Shutterstock, (fondo) Tyler Olson/Shutterstock; pág.20 Eder/Shutterstock, (inserto) Andris Tkacenko/Shutterstock; pág.21 RuslanNabiyev/Shutterstock, (fondo) areashot/Shutterstock; pág.22 iStockphoto, (inserto) Andris Tkacenko/Shutterstock; págs.22–23 iStockphoto; pág.23 iStockphoto; págs.24–25 iStockphoto; pág.25 iStockphoto; págs.26–27 Kenneth V. Pilon/Shutterstock; pág.28 (izquierda) Newscom, (derecha) Marc Dietrich/Shutterstock

5482 Argosy Avenue
Huntington Beach, CA 92649
www.tcmpub.com
ISBN 979-8-7659-6048-6
© 2024 Teacher Created Materials, Inc.
Printed by: 51497
Printed in: China

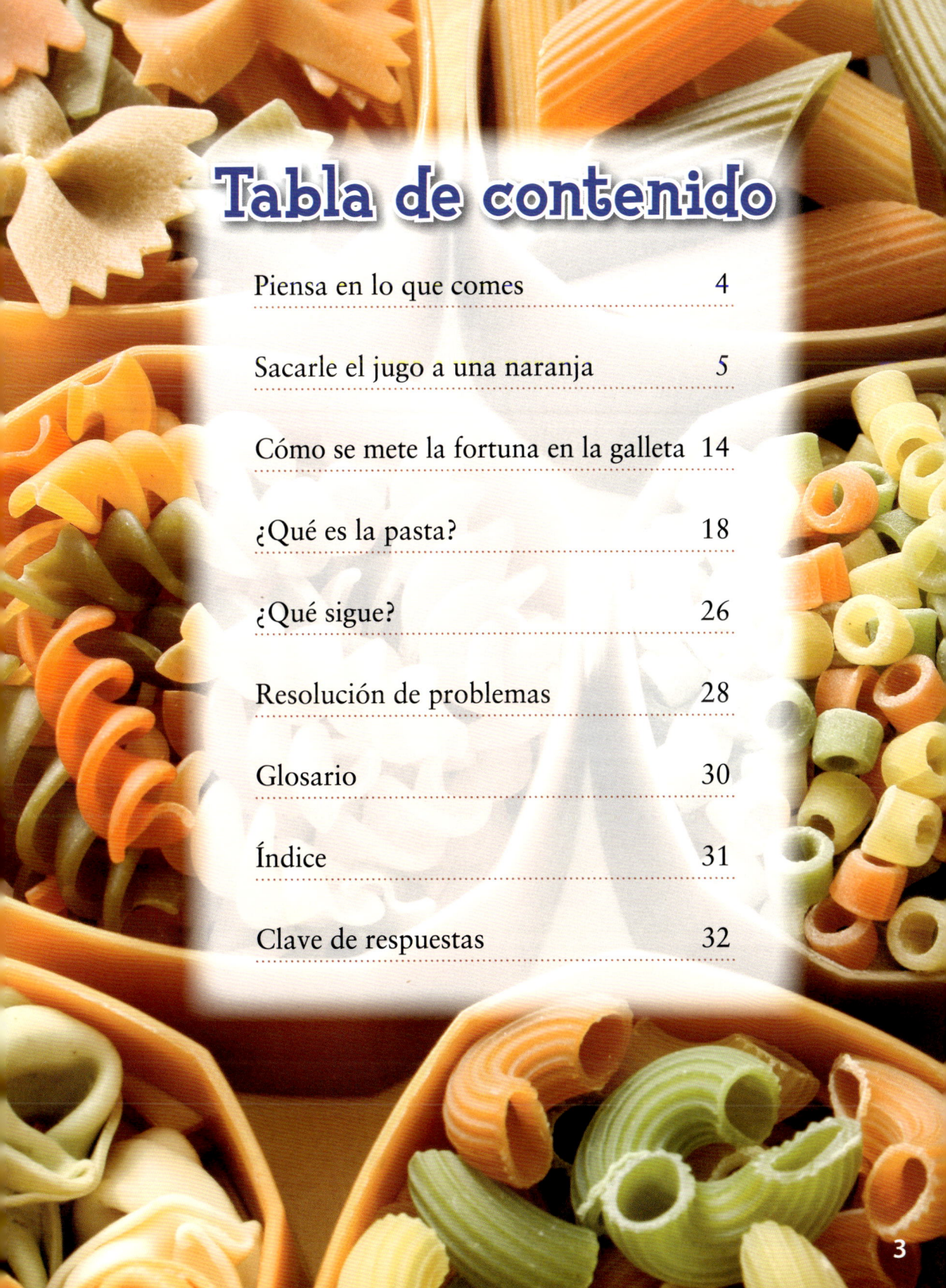

Tabla de contenido

Piensa en lo que comes 4

Sacarle el jugo a una naranja 5

Cómo se mete la fortuna en la galleta 14

¿Qué es la pasta? 18

¿Qué sigue? 26

Resolución de problemas 28

Glosario 30

Índice 31

Clave de respuestas 32

Piensa en lo que comes

    ¿Qué comiste y tomaste ayer? ¿Tomaste jugo, comiste cereales o vegetales enlatados? ¿Eran comidas caseras o compradas en una tienda de comestibles? En los estantes de las tiendas, hay latas de sopa, paquetes de fideos, botellas de jugo, cajas de cereales, envases de helado y un sinfín de alimentos más. ¿De dónde viene toda esa comida? ¿Cómo la hacen?

Las tiendas de comestibles grandes, también llamadas *supermercados*, tienen entre 15,000 y 60,000 productos distintos en los estantes.

Sacarle el jugo a una naranja

Hacer un jugo de naranja fresco puede ser tan sencillo como exprimir una naranja. Pero muchas personas compran jugo envasado. De todos modos, el jugo empieza con las naranjas.

Las naranjas crecen en árboles que forman naranjales. Cuando están listas para la **cosecha**, por lo general, se las saca del árbol a mano. Si en una caja entran unas 75 a 80 naranjas, los árboles más jóvenes (de 1 a 3 años) suelen tener un **rendimiento** de un poco más de una caja. Los árboles adultos de más de 24 años de edad suelen producir cerca de cinco cajas.

Rendimiento de cinco árboles

Puedes usar la suma para calcular cuántas cajas de naranjas pueden extraerse de 5 árboles.

$$\begin{array}{r} 1.850 \text{ cajas} \\ 2.500 \text{ cajas} \\ 4.000 \text{ cajas} \\ 3.125 \text{ cajas} \\ + 2.750 \text{ cajas} \\ \hline 14.225 \text{ cajas} \end{array}$$

Siempre suma o resta los dígitos que tienen el mismo valor de posición. Recuerda alinear los decimales si escribes los números en una columna.

Brasil y Estados Unidos son los mayores productores de naranjas del mundo. El jugo de naranja que viene de estos dos países representa el 85 % del jugo de naranja producido en todo el mundo.

Las naranjas se trasladan en camiones desde los campos hasta los centros de envasado. Supongamos que un camión lleva 47.2 mil libras de naranjas. Ocho camiones podrían llevar un poco menos de 400 mil libras. Se producen alrededor de 68.5 millones de toneladas de naranjas por año. ¡Hacen falta muchos camiones para transportar tantas naranjas!

¿Cuántas libras de naranjas pueden transportar ocho camiones?

Puedes usar la suma o la multiplicación para responder esta pregunta. Multiplicar es una forma más rápida de sumar.

$$
\begin{array}{r}
47.2 \\
47.2 \\
47.2 \\
47.2 \\
47.2 \\
47.2 \\
47.2 \\
+\ 47.2 \\
\hline
377.6 \text{ mil libras}
\end{array}
$$

O

$$
\begin{array}{r}
47.2 \\
\times\ 8 \\
\hline
377.6 \text{ mil libras}
\end{array}
$$

Lugares decimales

¿Te diste cuenta de que hay un dígito detrás del punto decimal en el producto de 47.2 y 8? Eso es porque en total hay un dígito en los lugares decimales de los números que se multiplicaron.

Por supuesto, no se come la naranja entera ni se usa toda la naranja para hacer jugo. En algunos tipos de naranjas, alrededor del 73 por ciento (73 %) es **comestible**. El resto de la naranja son semillas y cáscara. Si sabes el peso de una naranja, puedes hallar el peso de la parte comestible.

Peso de una naranja: 125 gramos
Para hallar el peso de la parte comestible, usa la siguiente expresión: 125 × 0.73 (*0.73 es **equivalente** a 73 %. Para convertir un **porcentaje** en un número decimal, divídelo entre 100. El punto decimal se moverá dos lugares a la izquierda*).

Multiplicar números decimales

Paso 1: Quita los decimales. Multiplica. $125 \times 73 = 9{,}125$

Paso 2: Cuenta cuántos lugares decimales hay en los **factores** (2 lugares decimales). $125 \times 0.\underline{73}$

Paso 3: Coloca el punto decimal en el producto. 91.25

Parte comestible: $125 \times 0.73 = 91.25$ gramos

EXPLOREMOS LAS MATEMÁTICAS

a. Se recolectaron tres muestras de naranjas. Las muestras pesan 12.43 libras, 18.5 libras y 8.77 libras. ¿Cuál es el peso total de las muestras?

b. Una inspectora examina seis muestras de naranjas por día. Cada muestra tiene de 100 a 150 naranjas y pesa 37.2 libras. ¿Cuántas libras de naranjas revisa la inspectora por día?

Las naranjas se clasifican en un centro de envasado. Algunas se venden enteras y otras se usan para hacer jugo. Las naranjas se lavan. Las que están dañadas se descartan. Los trabajadores examinan con cuidado unas muestras de naranjas para asegurarse de que cumplan con los estándares de calidad.

Imagina que un inspector examina 20 naranjas. El treinta por ciento de las naranjas están dañadas. ¿Cuántas naranjas dañadas hay?

El treinta por ciento (30 %) es lo mismo que 3 de cada 10. Como hay dos grupos de 10 en 20, y sabemos que 3 de cada grupo están dañadas, hay 6 naranjas dañadas en total. El treinta por ciento de 20 es 6.

También podemos hallar la respuesta multiplicando 20 por 30 %. Convierte el porcentaje en un número decimal y multiplica:

$$20 \times 0.3 = 6$$

Una máquina lava las naranjas en una fábrica.

Las naranjas que se van a usar para hacer jugo se envían a una planta de **extracción** de jugo. Hay más de un método para extraer el jugo de la naranja. En uno, las naranjas pasan por un filo que las corta a la mitad. Luego, unas ventosas de goma sostienen las mitades mientras se extrae el jugo. En otro método, la naranja entera se coloca dentro de dos piezas de metal. Allí se le quita la cáscara y se la exprime para que el jugo pase por unos agujeritos e ingrese en un tubo que está conectado a una de las piezas de metal.

Las máquinas extractoras están diseñadas para sacar el jugo sin que se mezcle demasiado con el aceite de la cáscara. El aceite puede tener un sabor amargo.

Después de que el jugo se extrae de las naranjas, pasa por un filtro donde se quitan la pulpa y las semillas. El jugo de naranja se puede vender con o sin pulpa. Si se venderá con la pulpa, hay que volver a agregarla antes de verter el jugo en la caja o la botella.

Hay cientos de **variedades** de naranjas. La naranja navelina y la naranja Valencia son dos variedades que suelen usarse para hacer jugo. Muchos jugos de naranja comerciales se elaboran con más de una variedad de naranja. De esta forma, los productores pueden obtener exactamente el sabor que buscan para que su jugo sea especial.

Las naranjas navelinas reciben su nombre de la palabra *navel*, que en inglés significa "ombligo". Se llaman así porque tienen algo que parece un ombligo en el **ápice**. En realidad, este "ombligo" es una segunda naranja muy pequeña. Esta naranjita melliza no termina de desarrollarse, pero se pueden encontrar pequeñas partes de ella dentro de la naranja más grande.

EXPLOREMOS LAS MATEMÁTICAS

Imagina que tienes dos naranjas de diferentes variedades. Una pesa 88.2 gramos. La otra pesa un 75 % más que la primera. Sigue las instrucciones para hallar el peso de la segunda naranja. En los ejercicios **a** y **b** se usa un método para resolver el problema. En el ejercicio **c** se usa otro método.

a. Calcula 88.2 x 0.75. Esa es la diferencia de peso entre las dos naranjas.

b. Suma la respuesta del problema **a** a 88.2 para hallar el peso de la segunda naranja.

c. Multiplica 88.2 por 1.75 para hallar el peso de la naranja más pesada. (*Pista*: un aumento del 75 % es lo mismo que el 175 % de la cantidad original).

d. Tus respuestas para los ejercicios **b** y **c** deberían ser iguales. Explica por qué el resultado es el mismo.

e. Una tercera naranja pesa un 48 % más que la primera. ¿Cuánto pesa? Redondea tu respuesta a la décima más próxima.

¡Ya tenemos el jugo! ¿Y ahora?

Muchas veces, los productores concentran el jugo después de filtrarlo. Es decir, intensifican el sabor quitando el agua.

El jugo va a una **cámara de vacío,** donde se calienta con vapor. Llega a una temperatura de 208.4 ºF (98 ºC). Luego, una máquina hace que el agua se evapore. Al finalizar, el jugo baja a una temperatura de 113 ºF (45 ºC). Luego, ingresa en una máquina de enfriado rápido, donde su temperatura baja velozmente hasta llegar a los 55.4 ºF (13 ºC). Después, el concentrado se congela y se envía a todo el mundo.

jugo de naranja concentrado

La mayor parte del jugo que se vende listo para consumir está hecho a partir de jugo concentrado. El jugo concentrado congelado se puede conservar por mucho más tiempo que el jugo fresco. También es mucho más barato de almacenar y de transportar.

Para convertir el jugo concentrado en jugo listo para consumir, hay que descongelarlo. Luego se agrega agua para **diluir** el concentrado.

Por lo general, se usan concentrados de muchos lotes diferentes para crear la mezcla justa. La mezcla perfecta se establece a través de pruebas y análisis rigurosos.

Gran parte del jugo de naranja que se vende en las tiendas está hecho a partir de un concentrado. El jugo de naranja fresco suele tener el rótulo "no hecho con concentrado".

EXPLOREMOS LAS MATEMÁTICAS

Alyssa observa cómo bajan los números en el termómetro mientras el jugo está en la máquina de enfriado rápido. Ve que la temperatura es de 110 °F. Momentos más tarde, ve que la temperatura ha bajado un 40 %.

a. ¿Cuántos grados ha bajado la temperatura?

b. ¿Cuál es la nueva temperatura del jugo?

c. ¿Cuántos grados habría bajado la temperatura si hubiera descendido un 60 %?

Cómo se mete la fortuna en la galleta

Si alguna vez has comido en un restaurante chino, quizá te hayan servido de postre una galleta de la fortuna. Al abrir una de estas galletas, es probable que encuentres un consejo sabio, caracteres chinos o una lista de números de la suerte impresos en un papelito. Pero ¿cómo se mete la "fortuna" dentro de la galleta? Hay varias fábricas que producen estas galletas crujientes para que todo el mundo pueda disfrutarlas.

El lugar de nacimiento de la galleta de la fortuna

Las galletas de la fortuna se inventaron en San Francisco, California, a principios del siglo xx. Se sirven en los restaurantes chinos de muchos países del mundo, pero no son muy populares en China.

Barrio Chino en San Francisco

14

Primero, se hace la masa de las galletas. Suele ser una combinación de azúcar, aceite, harina, huevos, agua y colorante para alimentos. La masa se mezcla muy bien. Luego, se vierte formando círculos delgados, como pequeños panqueques. Después, los discos de masa se llevan a un horno caliente, donde se cocinan alrededor de un minuto.

La masa de una tanda de galletas de la fortuna pesa 493.5 libras. De esa masa, 98.7 libras son azúcar. Divide las libras de azúcar entre las libras de masa y luego multiplica por 100 para hallar qué porcentaje de la masa es azúcar.

$$
\begin{array}{r}
0.2 \\
493.5.\overline{)98.7.0} \\
-98\ 7\ 0 \\
\hline
0
\end{array}
$$

Observa que movemos el punto decimal en el **divisor** y en el **dividendo** para hacer una división entre un número entero.

$$
\begin{array}{r}
100 \\
\times\ 0.2 \\
\hline
20.0
\end{array}
$$

La masa contiene un 20 % de azúcar.

Convertir un número decimal en un porcentaje

Mover el punto decimal dos lugares hacia la derecha es lo mismo que multiplicar por 100. Cuando convertimos un número decimal en un porcentaje, mostramos qué parte de 100 es ese número.

Cuando la galleta plana sale del horno, no se la deja enfriar. El papelito de la "fortuna" se coloca sobre la galleta blanda, que se dobla rápido para darle la conocida forma de las galletas de la fortuna. Esto se puede hacer a mano, pero en las fábricas grandes se hace con una máquina. Se usan unas puntas de acero para aplastar las galletas sobre una varilla de acero, doblarlas y darles la forma.

Una trabajadora dobla galletas de la fortuna.

Consejos sabios

En una fábrica, puede haber más de 5,000 mensajes diferentes para poner en las galletas de la fortuna. En un principio, las "fortunas" eran **proverbios** chinos. Hoy en día, suelen ser consejos, predicciones positivas o mensajes graciosos.

Después de que las galletas se enfrían y se endurecen, se las envasa en envoltorios de plástico. Se las revisa, y las que están rotas se descartan antes de empaquetarlas y despacharlas. Se fabrican más de 3,000 millones de galletas de la fortuna por año en todo el mundo. La fábrica más grande del mundo se encuentra en Brooklyn, Nueva York. ¡Allí se producen más de cuatro millones de galletas por día!

EXPLOREMOS LAS MATEMÁTICAS

a. Una fábrica de galletas de la fortuna produce 8,750 galletas por día. Si cada caja contiene 350 galletas, ¿qué porcentaje de las galletas hay en cada caja?

b. Otra fábrica produce 393.3 kilogramos de galletas por día. El martes, se descartaron 23.4 kilogramos de galletas porque estaban rotas. ¿Qué porcentaje de las galletas se descartaron el martes? Redondea tu respuesta a la centésima más próxima.

¿Qué es la pasta?

La pasta es una comida popular en muchos países y culturas de todo el mundo. Hay pasta de todas las formas, tamaños y colores. Las variedades de pasta más famosas vienen de Italia. La pasta seca se vende en la mayoría de las tiendas de comestibles, pero la pasta fresca se puede hacer en casa y en los restaurantes.

Un cocinero prepara $5\frac{5}{6}$ libras de espaguetis, $5\frac{1}{2}$ libras de espirales y $3\frac{3}{4}$ libras de macarrones.

Para hallar la cantidad total de pasta que hizo el cocinero, suma los números mixtos.

Paso 1: Halla un denominador común. Intenta que sea el **mínimo común denominador (m. c. d.)**.

$$5\frac{5}{6} + 5\frac{1}{2} + 3\frac{3}{4}$$
$$5\frac{}{12} + 5\frac{}{12} + 3\frac{}{12}$$

Paso 2: Halla fracciones equivalentes.

$$5\frac{10}{12} + 5\frac{6}{12} + 3\frac{9}{12}$$

Paso 3: Suma los números enteros y suma las fracciones. Recuerda que, para sumar fracciones, solo se suman los numeradores. Los denominadores no cambian.

$$13\frac{25}{12}$$

Paso 4: Simplifica la **fracción impropia**. Divide el numerador entre el denominador para obtener un número mixto.

$$13 + 2\frac{1}{12}$$

Paso 5: Suma los números enteros y escribe el resultado final en forma de número mixto.

$15\frac{1}{12}$ libras

Cómo hallar el mínimo común denominador (m. c. d.)

Primero, escribe los **múltiplos** de cada uno de los denominadores. Detente cuando halles un múltiplo que compartan todos. Ese es el m. c. d.

2: 2, 4, 6, 8, 10, (12)
4: 4, 8, (12)
6: 6, (12)

¿Lo sabías?

La pasta casi duplica su peso cuando se cocina.

Las espinacas, los huevos y el tomate son algunos de los ingredientes que se mezclan con la harina y el agua para darle color y sabor a la pasta.

La pasta suele hacerse con trigo candeal molido. La sémola proviene del corazón, o **endospermo**, del trigo candeal. Está presente en muchas marcas y muchos tipos de pasta. A veces, la pasta se hace solo con sémola y agua. O también pueden agregarse otros ingredientes, como huevo en polvo, jugos de vegetales, hierbas y especias. Estos ingredientes aportan sabor.

EXPLOREMOS LAS MATEMÁTICAS

a. Laura trabaja en un molino de granos. Ella se asegura de que la sémola sea de buena calidad antes de que se la despache para elaborar la pasta. Laura trabajó tres días la semana pasada. Trabajó $8\frac{3}{4}$ horas el primer día, $7\frac{1}{2}$ horas el segundo día y $8\frac{1}{4}$ horas el tercer día. ¿Cuántas horas trabajó en total esa semana?

b. ¿Cuántas horas trabajó Laura si un día tenía asignadas $7\frac{2}{3}$ horas, pero tuvo que retirarse $2\frac{1}{2}$ horas antes?

Cómo se hace la pasta

¿Cómo saben las personas que hacen la pasta qué cantidad de los ingredientes adicionales agregarles a la sémola y el agua? Esa pregunta se responde a través de mucho ensayo y error, y haciendo pruebas de sabor.

El primer paso para hacer pasta saborizada es asegurarse de tener todos los ingredientes listos para usar. Luego, se mezclan los ingredientes para formar la masa. Se prueban las masas, y las de mejor sabor se usan para crear recetas únicas.

Cómo simplificar fracciones

Para simplificar una fracción, divide el numerador y el denominador entre su **máximo factor común (m. f. c.)**. Cuando una fracción está en su **mínima expresión**, el m. f. c. del numerador y del denominador es 1.

Se divide una bandeja de masa de pasta en 15 porciones para hacer pruebas de sabor. $\frac{2}{3}$ de la bandeja es masa con jugo de vegetales. $\frac{2}{5}$ de la bandeja es masa con hierbas. Para hallar cuántas porciones tienen tanto jugo de vegetales como hierbas, tenemos que multiplicar $\frac{2}{3}$ por $\frac{2}{5}$. La multiplicación da $\frac{4}{15}$. Entonces, $\frac{4}{15}$ de la masa tiene tanto jugo de vegetales como hierbas.

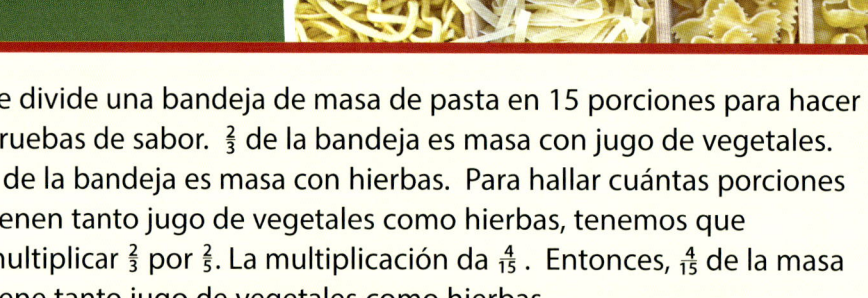

j h	j h	j	j	j
j h	j h	j	j	j
h	h			

j = jugo de vegetales   h = hierbas

$$\frac{2}{3} \times \frac{2}{5} = \frac{2 \times 2}{3 \times 5} = \frac{4}{15}$$

Con la masa, se puede hacer pasta de distintas formas y tamaños. La pasta larga puede tener forma de hilos o de cintas. La pasta corta puede tener forma de caracolas, espirales, estrellas, moños o ruedas.

Un poco menos de $\frac{1}{3}$ de la masa para hacer pasta es agua. Imagina 600 libras de masa. Como $\frac{1}{3}$ de 600 es 200, cerca de 200 libras de la masa son de agua.

La pasta que se produce de forma masiva se fabrica con la ayuda de máquinas y computadoras.

La extrusión es un método muy utilizado para dar forma a la pasta, en especial a la pasta corta. La masa mezclada se coloca en una cámara donde pasa por un molde de latón. La forma del molde determina la forma de la pasta. La masa pasa por el molde, y una máquina la corta del tamaño deseado.

Después de que se le da la forma, la pasta blanda necesita secarse. Primero, se le da un secado inicial que ayuda a que la pasta no se pegue. Luego, se seca mejor, hasta que la humedad baje al 12.5 por ciento.

La pasta en forma de caracola se hace por extrusión.

¿Lo sabías?

Los países que más pasta producen son Italia y Estados Unidos.

EXPLOREMOS LAS MATEMÁTICAS

Una receta para hacer una ensalada de pasta pequeña indica que hay que usar $\frac{2}{3}$ de onza de pasta.

a. Determina la cantidad de pasta que hace falta para preparar tres cuartos de lo que indica la receta.

b. Determina la cantidad de pasta que hace falta para preparar el doble de lo que indica la receta.

c. Determina la cantidad de pasta que hace falta para aumentar la receta $2\frac{3}{4}$ veces.

d. Suma la respuesta del problema **a** a la respuesta del problema **b**. ¿Qué relación hay entre esta suma y la respuesta del problema **c**?

Es importante que el secado de la pasta se haga correctamente. Si se seca muy rápido, se puede quebrar. Pero si se seca muy lento, puede echarse a perder o desarrollar moho.

La mayoría de las pastas tardan de cinco a seis horas en secarse, pero la pasta larga y gruesa puede tardar mucho más. Es común secar la pasta larga colgándola en tiras muy largas. Así, no pierde la forma. Cuando ya está seca, se la corta del tamaño deseado.

Los espaguetis se cuelgan para que se sequen.

Imagina que una empresa elabora pasta larga y corta. La pasta corta representa $\frac{2}{5}$ del total de su pasta. Se hacen ocho tipos de pasta corta, incluidas las ruedas, y se hace la misma cantidad de cada tipo. Para hallar qué fracción del total de la pasta representan las ruedas, divide $\frac{2}{5}$ entre 8. Imagina que las pastas elaboradas se representan con una caja. La caja tiene 5 filas y 8 columnas.

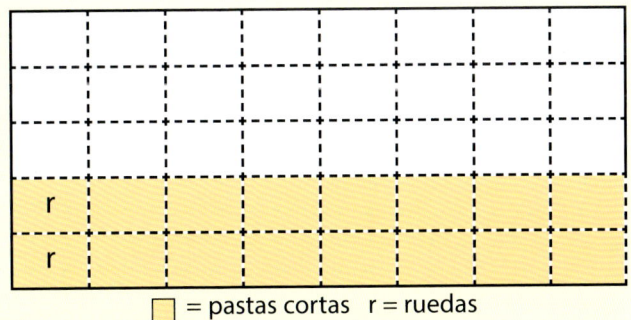

□ = pastas cortas   r = ruedas

$\frac{2}{5} \div 8$ es lo mismo que $\frac{2}{5} \div \frac{8}{1}$

Paso 1: Multiplica por el **recíproco**. $\frac{2}{5} \times \frac{1}{8} = \frac{2}{40}$

Paso 2: Simplifica. $\frac{2}{40} = \frac{1}{20}$

Las ruedas representan $\frac{1}{20}$ de la pasta elaborada.

Observa que dividir entre 8 es equivalente a multiplicar por $\frac{1}{8}$.

El envasado es uno de los últimos pasos en la producción de alimentos. Una computadora pesa la cantidad correcta de pasta que debe llevar cada envase. A veces, se usan bolsas de celofán para envasar la pasta. Estas bolsas protegen la pasta de la humedad y de los insectos. También se usan cajas. Son fáciles de acomodar en los estantes y evitan que la pasta se quiebre. Además, es fácil leer la información impresa en las cajas.

La pasta se envasa en cajas de $2\frac{1}{2}$ libras. Se considera que una porción de pasta seca pesa un octavo de libra. ¿Cuántas porciones de pasta contiene una caja de $2\frac{1}{2}$ libras?

Cada barra representa una libra de pasta. Está dividida en octavos para mostrar el tamaño de cada porción.

Queremos hallar cuántas porciones de $\frac{1}{8}$ de libra hay en $2\frac{1}{2}$ libras de pasta seca. Observa que hay $2\frac{1}{2}$ barras coloreadas. Cuenta las porciones de $\frac{1}{8}$ de libra. Hay 20 porciones.

$2\frac{1}{2} \div \frac{1}{8}$

$2\frac{1}{2} \times \frac{8}{1}$

$\frac{5}{2} \times \frac{8}{1}$

$\frac{40}{2}$ porciones

20 porciones

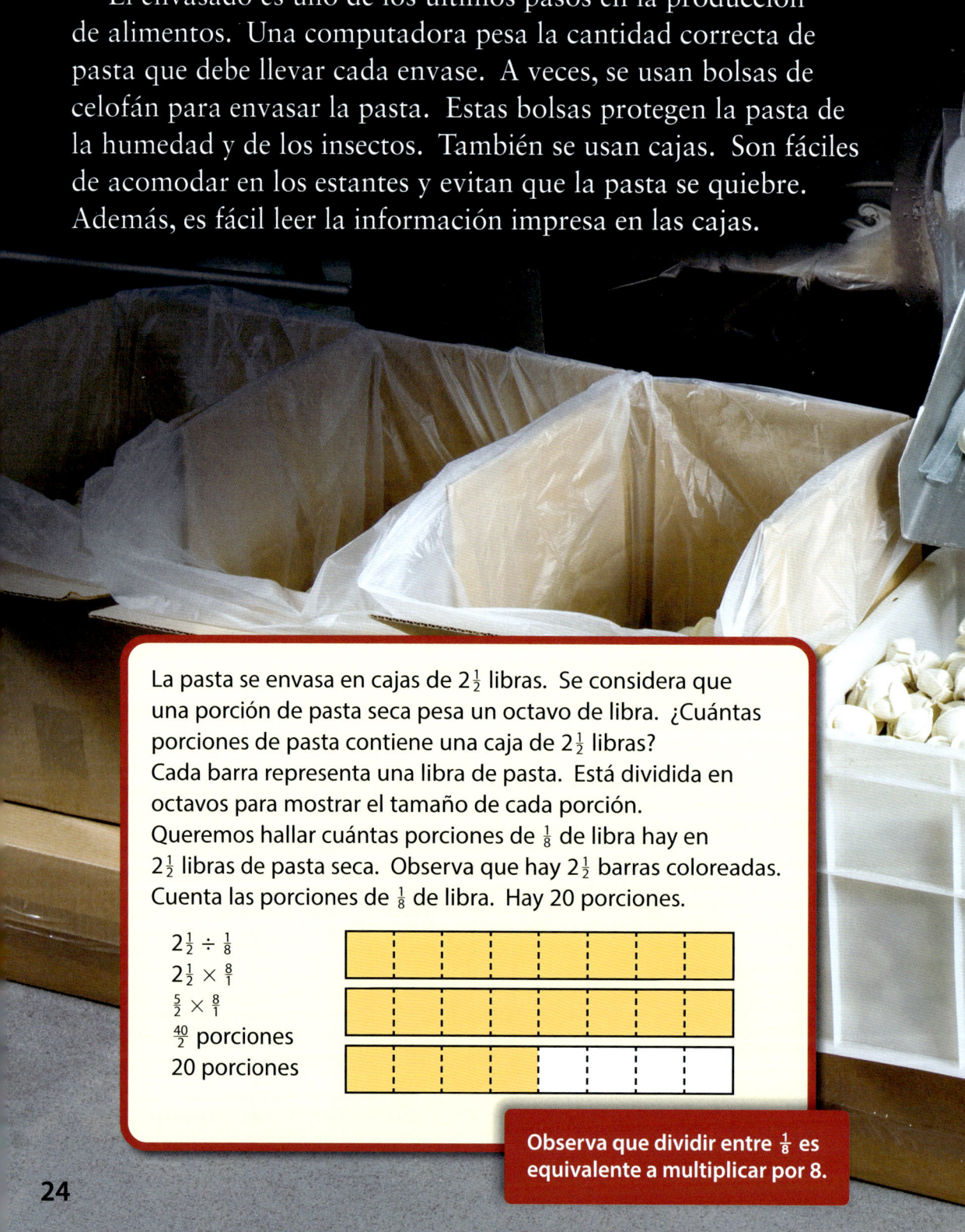

Observa que dividir entre $\frac{1}{8}$ es equivalente a multiplicar por 8.

Una vez que se seca,
la pasta está lista
para el envasado.

Fracciones impropias

Para simplificar una fracción impropia, divide el numerador entre el denominador. Puedes obtener un número entero o un número mixto. Si obtienes un número mixto, recuerda simplificar la fracción.

¿De dónde vino la pasta?

La pasta originalmente proviene de China. El explorador y comerciante Marco Polo llevó la pasta a Italia en 1295 cuando volvió de un viaje a Asia que había durado 24 años.

¿Qué sigue?

Quienes trabajan en la **industria** de los alimentos siempre están creando nuevos productos. Cuando prueban alguna idea nueva, deben tener en cuenta la seguridad, los costos, la calidad y el sabor. ¡Se inventan productos alimenticios todo el tiempo! La próxima vez que estés en una tienda de comestibles, mira a tu alrededor: seguramente encuentres algo nuevo. Quizá te descubras preguntándote: *¿Cómo lo hacen?*

a. ¿Cuántas porciones de $\frac{1}{8}$ de libra hay en una bolsa de 3 libras de granola?

b. ¿Cuántas porciones de $\frac{3}{16}$ de libra hay en $\frac{2}{3}$ de libra de arroz?

c. ¿Cuántas porciones de $1\frac{2}{3}$ de taza hay en $7\frac{1}{2}$ tazas de yogur?

RESOLUCIÓN DE PROBLEMAS

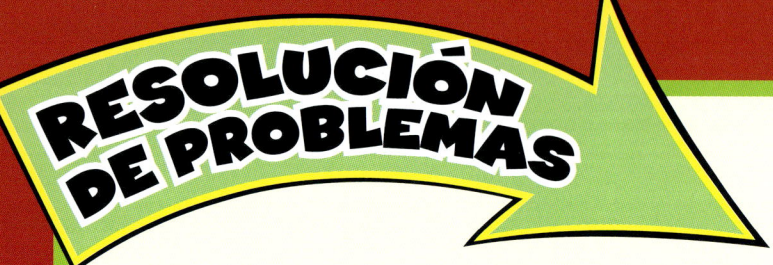

La fábrica de papas fritas

Las fábricas deben asegurarse de que los alimentos que producen no tengan **contaminación**, como insectos y moho. También tienen que asegurarse de que los alimentos tengan el sabor correcto. Controlan que el tamaño y el color sean adecuados. Para comprobar la calidad, se examinan muestras del producto.

En una fábrica de papas fritas, se separan cuatro bolsas de papas fritas de cada lote para un control de calidad. Cada bolsa pesa 1.2 onzas.

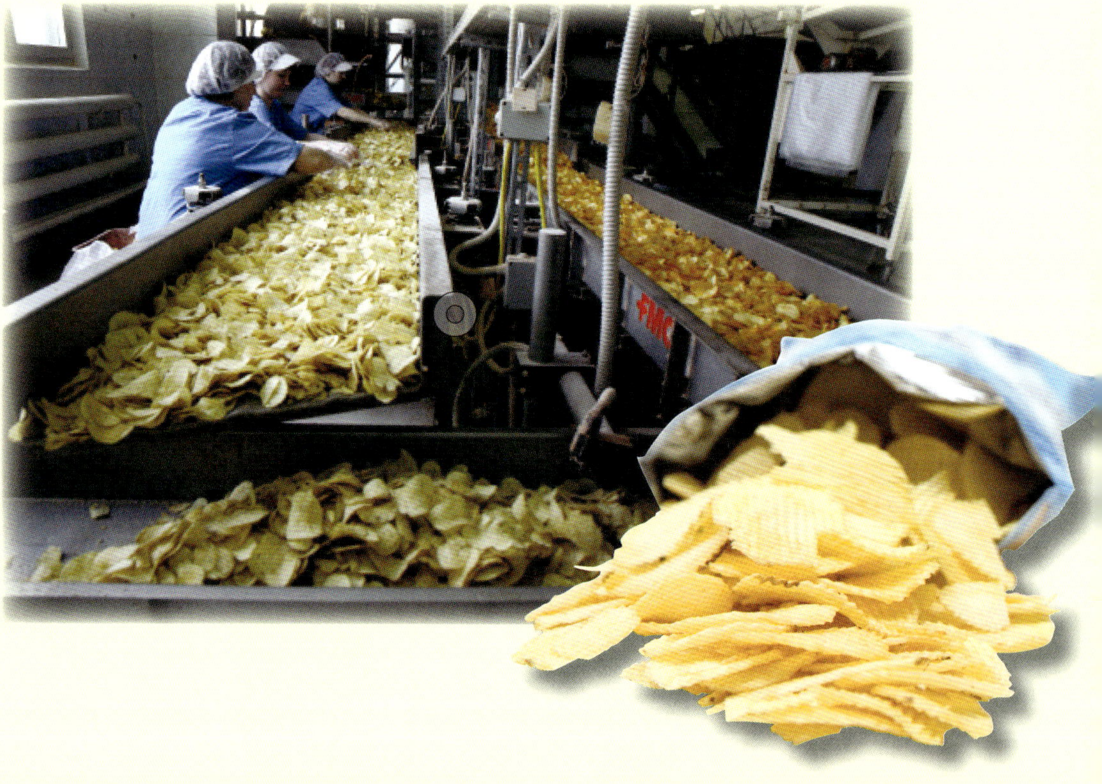

¡Resuélvelo!

a. Las cuatro bolsas de papas fritas se mezclan para formar una muestra grande. ¿Cuánto pesa la muestra?

b. Después, la muestra se separa en seis muestras pequeñas. ¿Cuánto pesa cada una de las seis muestras?

c. Dos tercios de las muestras son del sabor clásico. ¿Cuánto pesan las muestras de sabor clásico?

d. Si la fábrica de papas fritas produce 100 bolsas de papas por lote, ¿qué porcentaje de las bolsas de cada lote no es sometido al control de calidad?

Usa estos pasos como ayuda para resolver los problemas.

Paso 1: Usa la suma repetida o la multiplicación para hallar el peso total de cuatro bolsas de papas fritas.

Paso 2: Divide la respuesta del problema **a** entre 6.

Paso 3: Multiplica la respuesta del problema **a** por $\frac{2}{3}$.

Paso 4: Resta la cantidad de bolsas examinadas de la cantidad de bolsas de papas fritas producidas. Escribe una fracción que muestre la cantidad de bolsas sin examinar sobre el total de bolsas del lote. Convierte la fracción en un número decimal dividiendo y luego multiplicando el resultado por 100.

Glosario

ápice: la parte superior de algo

cámara de vacío: un recipiente en el que no hay aire ni ningún otro gas

comestible: que se puede comer

contaminación: la aparición de un material que no debería estar en un lugar

cosecha: recolección de cultivos

diluir: agregarle agua a un líquido para que esté menos concentrado

dividendo: el número que se divide

divisor: el número entre el que se divide otro número

endospermo: la parte de la semilla que le sirve de alimento a la planta

equivalente: que tiene el mismo valor

extracción: el proceso de sacar algo aplicando presión o tirando de él

factores: números que pueden dividir exactamente a otro número sin dejar residuo; los números que se multiplican entre sí para llegar a un producto

fracción impropia: una fracción en la que el numerador es mayor que el denominador, como $\frac{40}{2}$

industria: un grupo de empresas que brindan un producto o servicio en particular

máximo factor común (m. f. c.): el mayor factor que comparten dos números

mínima expresión: se dice de una fracción en la que el numerador y el denominador no tienen ningún factor común mayor que 1

mínimo común denominador (m. c. d.): el menor de los múltiplos que comparten los denominadores de dos o más fracciones

múltiplos: los productos de un número entero y cualquier otro número entero

porcentaje: una parte de un todo expresada en centésimos

proverbios: dichos populares cortos

recíproco: cualquiera de dos números (como $\frac{2}{3}$ y $\frac{3}{2}$) cuyo producto es 1

rendimiento: el producto o la utilidad que da alguien o algo

variedades: distintas formas que puede tener algo

Índice

centro de envasado de naranjas, 6, 8

concentración del jugo, 12–13

contaminación de los alimentos, 28

cosechar naranjas, 5

dar forma a la pasta, 21–23

denominador, 18, 20, 25

dividendo, 15

divisor, 15

envasado de la pasta, 24–25

extracción del jugo, 9–10

fracción impropia, 18, 25

galleta de la fortuna, 14–17

ingredientes de la pasta, 19–21

máquina de enfriado rápido, 12–13

máximo factor común (m. f. c.), 20

mezclas de jugo, 10–11, 13

mínimo común denominador (m. c. d.), 18

naranja navelina, 11

naranja Valencia, 11

numerador, 18, 20, 25

número mixto, 18, 25

parte comestible de las naranjas, 7

pruebas de sabor, 20

pulpa, 10

secado de la pasta, 22–23, 25

sémola, 19–20

simplificar fracciones, 20

transporte de las naranjas, 6

trigo candeal, 19

CLAVE DE RESPUESTAS

Exploremos las matemáticas

Página 7:

a. 39.7 libras

b. 223.2 libras

Página 11:

a. 66.15 gramos

b. 154.35 gramos

c. 154.35 gramos

d. Las respuestas son iguales porque un aumento del 75 % del peso es lo mismo que el 175 % del peso original (75% = 0.75 y 175% = 1.75).

e. 130.5 gramos

Página 13:

a. 44 °F

b. 66 °F

c. 66 °F

Página 17:

a. 4 %

b. 5.95 %

Página 19:

a. $24\frac{1}{2}$ horas

b. $5\frac{1}{6}$ horas

Página 22:

a. $\frac{1}{2}$ onza

b. $1\frac{1}{3}$ onzas

c. $1\frac{5}{6}$ onzas

d. $1\frac{5}{6}$ onzas; Son iguales.

Página 27:

a. 24 porciones

b. $3\frac{5}{9}$ porciones

c. $4\frac{1}{2}$ porciones

Resolución de problemas

a. 4.8 onzas

b. 0.8 onzas

c. 3.2 onzas

d. 96 %